Benny in der Tierklinik

Eine Geschichte von Imke Rudel
mit Bildern von Jan Unger

CARLSEN

»Guten Morgen, Benny!«
Julia hat sich gerade fertig gemacht. Es ist Montagmorgen. Mama bringt Julia und ihren Bruder Hannes gleich mit dem Fahrrad zur Vorschule und zum Kindergarten.
Julia hat ihren Fahrradhelm und den Rucksack schon aufgesetzt. Jetzt wartet sie mit Benny darauf, dass auch Mama und Hannes fertig werden. Julia freut sich schon auf ihre Freunde. Benny freut sich auch, denn er darf natürlich mitkommen. Ausflüge mit dem Fahrrad mag er am liebsten: dabei kann er so richtig schön laufen. Wo wenig Verkehr ist, machen er und Julia immer ein Wettrennen. Was meint ihr, wer dabei wohl gewinnt?

Hannes kann seinen Fahrradhelm noch nicht alleine aufsetzen. Mama hilft ihm dabei. Jetzt sitzt der Helm richtig.
Benny dauert das alles viel zu lange. Er denkt sich: So ein Glück, dass Hunde sich nicht anziehen müssen!

Bis alle fertig sind, will Benny seiner Freundin im Nachbarhaus schnell noch guten Morgen sagen. Er nimmt Anlauf und macht einen großen Sprung über den Zaun.

Plötzlich zuckt er vor Schmerz zusammen. Was ist bloß passiert?
Im Gras liegen Scherben. Und Benny ist mit seiner Pfote hineingetreten!
»Aouuhh!« Benny jault einmal ganz laut.

Wie gut, dass Julia ihn gleich hört! Sofort ruft sie Mama und Hannes. Als alle bei ihm sind und Julia ihn streichelt, geht es Benny gleich besser. Aber seine Pfote blutet stark. Mama guckt sich die Wunde an und sagt: »Benny muss sofort in die Tierklinik!«

Armer Benny!
Hoffentlich ist es keine schlimme Verletzung!
Hannes und Julia machen sich große Sorgen.
Mama trägt Benny zum Auto. Laufen möchte er jetzt auch gar nicht. Julia legt noch eine Decke auf Bennys Platz. So hat er es bequemer und macht das Auto nicht schmutzig.
Julia und Hannes dürfen natürlich mitfahren.
Benny ist sehr froh, dass er nicht alleine ist.
Zum Glück ist der Weg kurz und sie sind schnell in der Klinik.

Als sie ausgestiegen sind, sagt Mama gleich bei der Anmeldung Bescheid. Sie nennt Bennys Namen und erklärt, warum sie gekommen sind. Danach müssen sie noch kurz auf den Arzt warten.
Im Wartezimmer sind schon andere kranke Tiere. Eine Frau neben ihnen hat eine getigerte Katze auf dem Schoß. Die schaut aufgeregt und ein bisschen ängstlich zu Benny herunter.

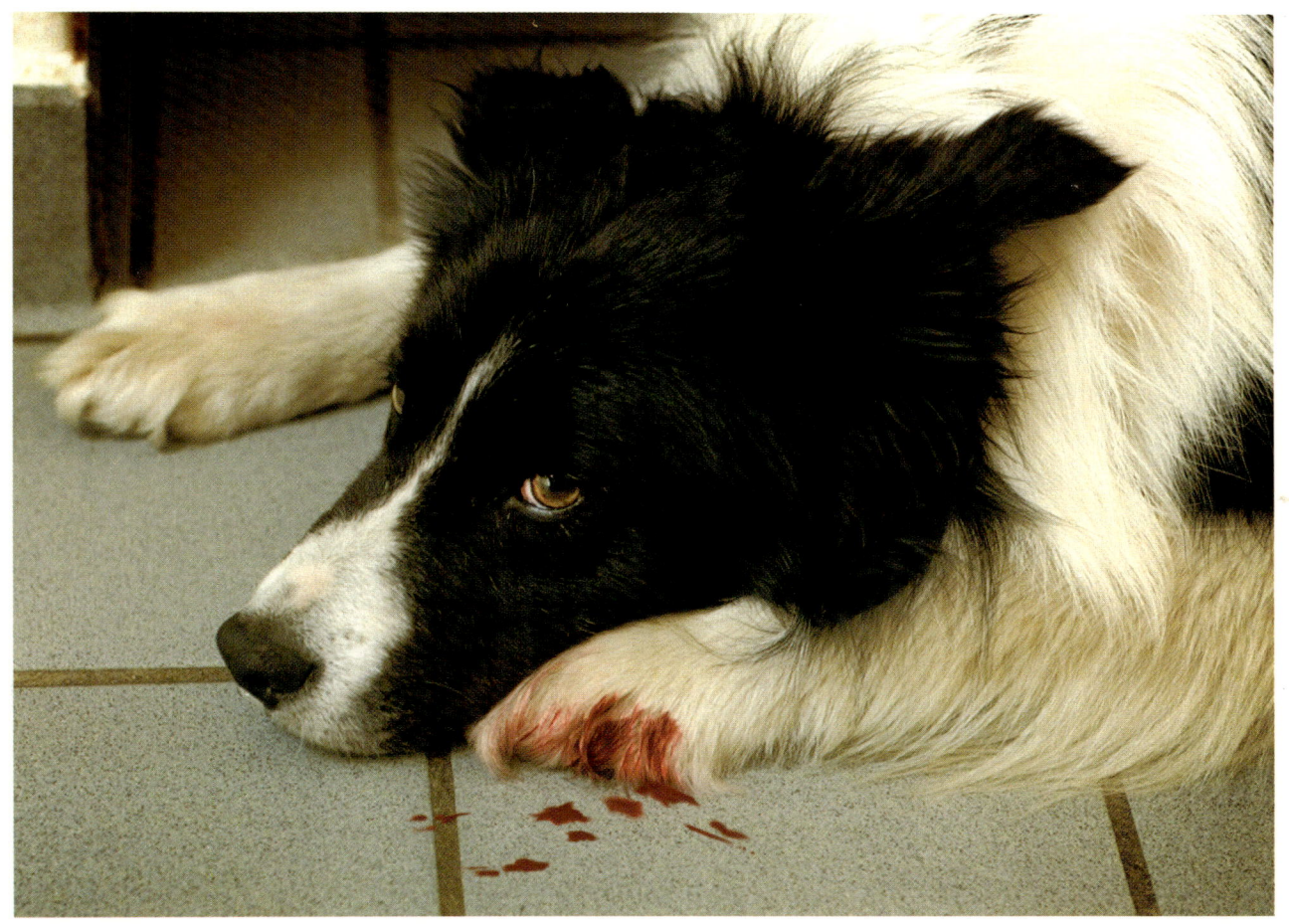

Aber Benny guckt nur kurz zu der Katze hoch. Er hat im Moment gar keine Lust, sie zu beschnuppern und näher kennen zu lernen. Seine Pfote tut ihm ziemlich weh und etwas aufgeregt ist er auch: Hier ist alles so anders als zu Hause. Und es gibt so viele interessante Gerüche!
Mit seiner feinen Nase kann er all die vielen Tiere riechen, die in der Klinik behandelt werden.

Kurze Zeit später kommt eine junge Ärztin und ruft Benny auf. Sie führt alle in ein großes Behandlungszimmer. Benny humpelt auf drei Pfoten nebenher. Im Zimmer gibt es mehrere Untersuchungstische. Dort wird schon ein anderer Hund untersucht. Ob er wohl auch einen Unfall hatte?
Mama hebt Benny auf einen freien Tisch. Benny winselt ein bisschen.

Die Ärztin heißt Frau Jonas. Sie spricht ganz ruhig und freundlich mit Benny, während sie ihn untersucht. Sie erklärt, was sie macht: »Zuerst horche ich mit dem Stethoskop Bennys Herzschlag ab.«
Nach dem Abhorchen fragt sie Hannes und Julia, was passiert ist. Benny kann es ihr ja nicht erzählen.

Julia beschreibt noch einmal den Unfall. Frau Jonas tastet inzwischen ganz vorsichtig Bennys Bein ab.
Die Pfote tut ihm sehr weh. Aber er hält ganz still, als die Ärztin ihn untersucht. Er spürt genau, dass die Frau im weißen Kittel ihm helfen will.
Zum Glück ist die Wunde nicht sehr tief. Sie muss nicht genäht werden. Und es ist auch kein Glassplitter darin stecken geblieben.

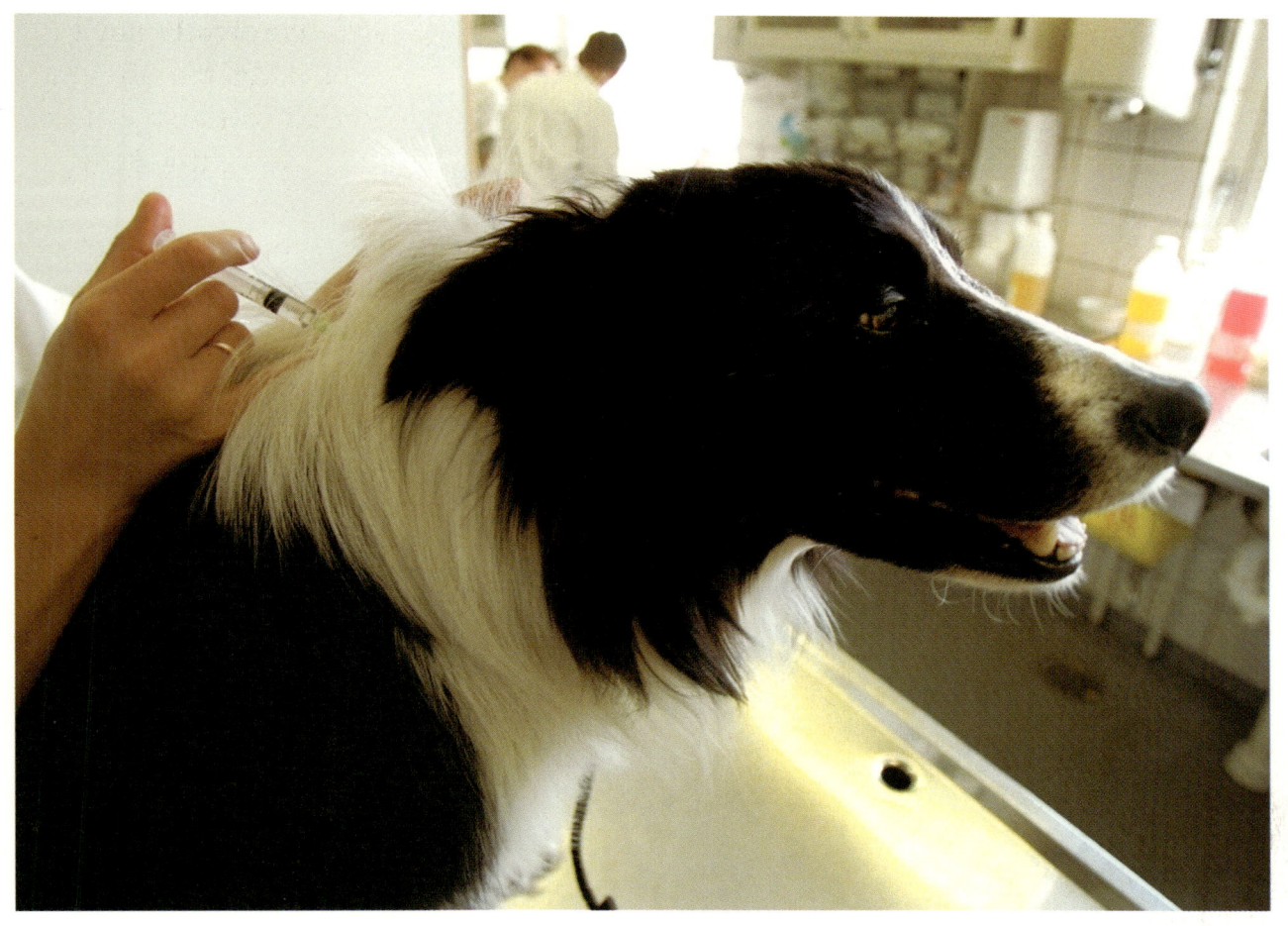

Zuerst reinigt Frau Jonas die Wunde und desinfiziert sie danach. Es darf kein Schmutz in der Wunde bleiben, weil sie sich sonst leicht entzünden kann. Anschließend macht sie einen festen Verband um die Pfote.
Zum Schluß bekommt Benny noch eine Spritze. Das Medikament in der Spritze schützt ebenfalls vor einer Entzündung und die Wunde kann schneller verheilen. Ist Benny nicht tapfer?

Puh! Das war anstrengend!
Benny ist müde geworden. Frau Jonas sagt, dass er sich jetzt ausruhen muss. In der Klinik gibt es einen Flur mit kleinen Ruheräumen. Nach einer anstrengenden Behandlung können sich die Tiere dort eine Weile erholen. Alle begleiten Benny dorthin. Mit dem Verband kann er schon wieder viel besser laufen. Und die Pfote tut auch gar nicht mehr so weh!
Bis nachher, Benny!

Dann gibt es eine Überraschung für Julia und Hannes: Sie dürfen sich die Tierklinik anschauen. Die beiden freuen sich: Was es hier wohl zu sehen gibt?
Mama muss in der Zwischenzeit noch ein Formular ausfüllen und Bennys Behandlung bezahlen. Sie ruft auch bei der Vorschule und im Kindergarten an, um Julia und Hannes zu entschuldigen.
Frau Jonas zeigt den Kindern inzwischen alles. Zuerst gehen sie zu den Pferden. In einem Stall steht ein kleines Fohlen.
Julia und Hannes dürfen ganz nah herangehen.

Beide haben gar keine Angst vor dem Fohlen. Es guckt so lieb.
Plötzlich kommen viele Menschen in weißen Kitteln.
»Sind das alles Ärzte?«, fragt Hannes.
»Noch nicht!«, erklärt Frau Jonas. »Aber sie wollen es werden. Sie gehen mit den Tierärzten durch die Klinik. Dabei lernen sie viele Tierkrankheiten kennen. Und sie lernen, wie man die Krankheiten richtig behandelt, damit die Tiere schnell wieder gesund werden.«
»Ich will auch Tierarzt werden!«, sagt Hannes.

Im nächsten Zimmer wird gerade ein kleiner Hund untersucht. Er ist eine Treppe heruntergefallen. Danach wollte er nicht mehr laufen. In der Klinik wurde er deshalb geröntgt. Auf einem Röntgenbild sieht man, ob ein Knochen gebrochen ist. Könnt ihr das Bild an der Wand erkennen? Und auch die Knochen darauf?
Der kleine Hund hatte Glück: Er hat sich nichts gebrochen und kann bald wieder herumtoben. Frau Jona leiht Julia ihr Stethoskop. Sie darf ihn abhorchen. Hannes darf ihn streicheln. Das gefällt dem Kleinen!

Nebenan schauen die Kinder durch eine große weiße Tür. Im Raum stehen viele Ärzte um einen Tisch herum. Aber wie sehen die bloß aus? Sie sind ganz eingepackt in Kittel und Hauben. Und sie haben auch einen Mundschutz um.
»Das ist der Operationsraum!«, sagt Frau Jonas. »Hier wird gerade eine Katze operiert. Ihr muss ein kranker Zahn gezogen werden.«
Hannes findet das alles sehr spannend, aber Julia gefällt der komische Geruch gar nicht. Sie will lieber schnell weitergehen.

Aus einem Stall kommt ein lautes Quieken und Grunzen. Die drei Ferkel freuen sich sehr über den Besuch. Frau Jonas hat ein paar Brotstücke für sie in der Tasche. Die mögen sie gerne.
Julia möchte ihnen auch etwas geben. Die Ärztin zeigt ihr, wie sie es machen soll: »Halte ihnen die flache Hand hin. So! Dann können sie das Brot gut herunternehmen ohne deine Finger anzuknabbern.«
»Hilfe! Das kitzelt!«, ruft Julia, als ein Schweinchen ihr die Hand ableckt.

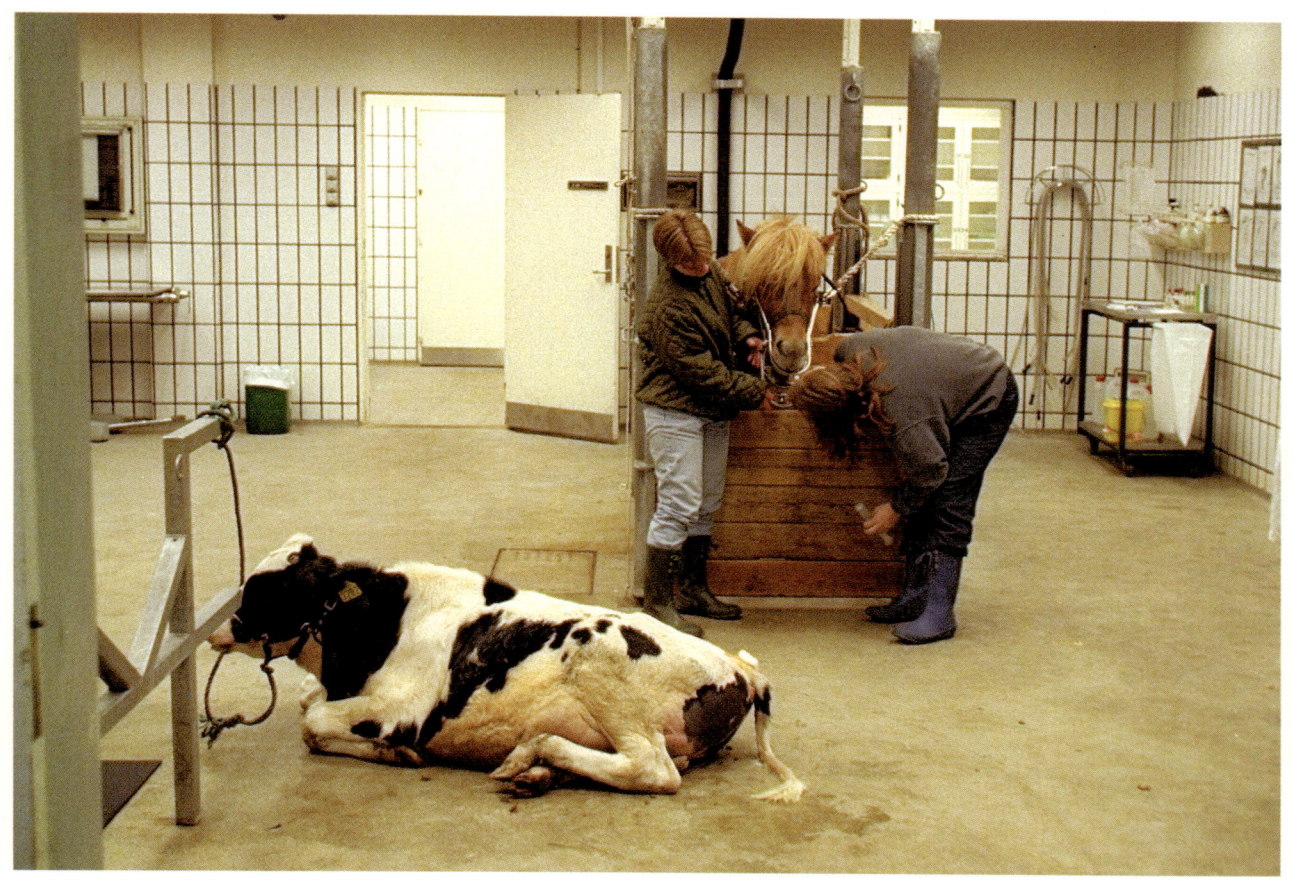

»Das ist der Untersuchungsraum für die großen Tiere!«, sagt Frau Jonas im nächsten Zimmer. Eine Kuh wartet ganz geduldig, bis sie an der Reihe ist.
Eine Frau schaut gerade einem Pferd ins Maul.
Ob es wohl Zahnschmerzen hat?
Manchmal ist die Arbeit für die Tierärzte sehr schwierig: Ein Tier kann ja nicht sagen, wo es ihm wehtut. Aber ein guter Arzt findet es natürlich trotzdem heraus.

Als sie alles angeschaut haben, bringt Frau Jonas sie wieder zurück zu Mama. Sie hat inzwischen auf die beiden gewartet.
»Benny hat sich jetzt genug ausgeruht«, sagt Frau Jonas. »Ich gehe und hole ihn.«
»Was habt ihr denn alles gesehen?«, fragt Mama.
»Ganz viele Tiere!«, ruft Hannes und erzählt Mama, was sie erlebt haben. Julia wartet inzwischen ungeduldig auf Benny. Zum Glück kommt Frau Jonas schnell mit ihm zurück.

»Benny!«, ruft Julia laut und nimmt ihn gleich in die Arme. »Ich bin so froh, dass du mit nach Hause kommen darfst! Geht es dir schon wieder besser?«
»Wuff!«, bellt Benny.

Frau Jonas erklärt Mama noch, wie sie Bennys Verband wechseln muss. Dann begleitet sie alle zum Ausgang.
Zum Abschied bedanken sich Julia und Hannes bei der Ärztin für ihre Hilfe und für den aufregenden Vormittag. »Wau, wau, wuff!«, bellt Benny. Das heißt: »Ich fand es auch aufregend. Aber jetzt bin ich froh, dass wir nach Hause gehen!«
Gute Besserung, Benny!